Vacaciones Santillana

100 ejercicios para repasar ortografía y gramática

Lengua

5º PRIMARIA

¡Qué alegría me da verte!

Durante este verano pasaremos algunos ratos juntos; espero que seamos amigos. En este cuaderno encontrarás ejercicios para escribir mejor y jugar con el lenguaje.

Mi trabajo será ayudarte en las actividades para que las hagas muy bien. A veces me muestro bueno y colaborador, y otras veces, un poco malvado.

Voy a darte algunos consejillos para que trabajes mejor:

- Dedica todos los días un rato a hacer los ejercicios; no te llevará demasiado tiempo y te permitirá repasar lo que ya sabes y prepararte para el nuevo curso.
- Lee las órdenes de las actividades dos veces antes de hacerlas. Y atiende bien a las indicaciones que yo te doy, porque te van a ayudar mucho.
- Haz las actividades con cuidado; escribe con lápiz por si te equivocas y tienes que borrar.
- Si necesitas ayuda para realizar algún ejercicio, puedes mirar en el solucionario que está al final del cuaderno, pero es mejor que intentes resolverlo sin consultar.
- Cuando acabes el cuaderno, comprueba las soluciones.

¡Nos vemos en la página 6!

Índice

1

- Descripción de lugares.
- Los verbos *ser* y *estar*.
- Adjetivos. Antónimos.

Mi pueblo se encuentra en un bonito valle, entre escarpadas montañas. Es un pueblo pequeño, tranquilo y agradable.

Está situado entre dos riachuelos, llamados Ríogrande y Ríochico.

Mi pueblo es muy alegre; en verano se celebran sus fiestas y, durante las calurosas noches, se forman corros de personas que charlan y ríen a la puerta de las casas.

En invierno, mi pueblo es muy frío y nieva con frecuencia.

1 Subraya en el texto todos los adjetivos. Después, cópialos.

2 Elige el verbo adecuado para componer cada oración. Después, escribe.

Mi pueblo

es
está

en un valle.
tranquilo y agradable.
entre dos riachuelos.
muy alegre.
caluroso en verano.
muy frío en invierno.

3 Escribe junto a cada expresión otra que tenga el significado contrario. Usa los siguientes adjetivos.

moderna	bullicioso	soleado	tórrido	llano	amplia

un pueblo tranquilo → ______________________

un valle fresco → ______________________

una calle angosta → ______________________

una iglesia vetusta → ______________________

un terreno escarpado → ______________________

un bosque sombrío → ______________________

4 Escribe las formas verbales de los siguientes tiempos de los verbos *ser* y *estar*.

Presente de subjuntivo del verbo *ser*

______________________ ______________________

______________________ ______________________

______________________ ______________________

Pretérito imperfecto de indicativo del verbo *estar*

______________________ ______________________

______________________ ______________________

______________________ ______________________

Vocabulario:
agradable
alegre
amplia
bonito
bullicioso
calurosas
frío
llano
moderna
pequeño
soleado
tórrido
tranquilo

2

- El diálogo.
- Uso del estilo indirecto.

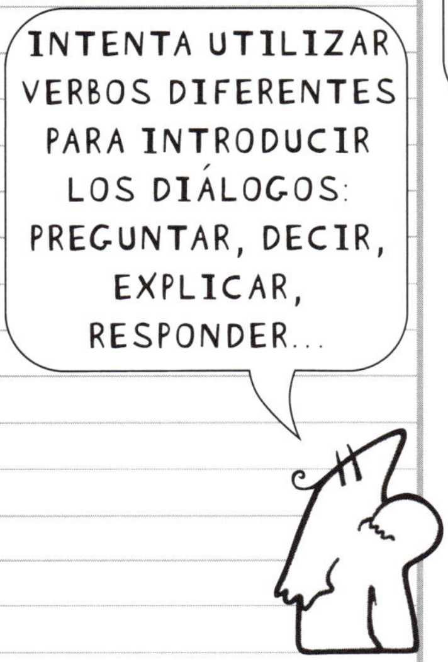

1 Resume la conversación en estilo indirecto.

Raúl encuentra a Rosa en una librería. La saluda y le pregunta si ______________

____

____

____

____

2 Escribe lo que dicen estas personas.

El conductor del autobús dice a los pasajeros que ______________

____

El camarero dice al cliente que ______________

____

Vocabulario:
contestar
decir
explicar
preguntar
responder

3 Relaciona y luego escribe en forma de diálogo.

¿Adónde le llevo?	pregunta el cliente.
A la Plaza Mayor.	pregunta el taxista.
¿Cree que habrá ataco?	contesta el cliente.
A estas horas siempre hay mucho tráfico.	responde el taxista.

–¿Adónde le llevo? –pregunta el taxista.

–A la Plaza Mayor –contesta ______________________________

____

____

____

4 Escribe el chiste en estilo indirecto.

–¡Qué rollo! –protesta un niño–.
El ascensor no funciona.

–¡Es que tienes que llamarlo! –le dice el portero.

–¡Ascensor! –grita el niño–.
¡Ascensor!

____

____

____

3

- Persona y número en los verbos.
- Concordancias.
- Formas no personales del verbo.

1 Escribe lo que dice el indio, sustituyendo los infinitivos por formas verbales en el número y la persona que correspondan.

____

____

____

____

____

2 Subraya las formas verbales. Después, completa las oraciones con el pronombre personal adecuado.

____________ permaneció callada.	____________ conduces muy mal.
____________ voy al cine.	____________ miraban atentos.
____________ querían ser azafatas.	____________ estamos sentadas.
____________ es médico.	____________ parecéis aburridos.

3 Relaciona y escribe las oraciones que has formado.

Mi hermano y yo	prefieren ir al teatro.
Mis abuelos	queremos agua.

____

____

4 Clasifica las siguientes formas verbales según estén en singular o plural.

escuchamos ha venido empezarás
acudís ríes aparecieron
he protestado resisten

Singular	Plural
______________	______________
______________	______________
______________	______________
______________	______________

5 Analiza estas formas verbales como se indica en el ejemplo.

has traído → verbo traer, 2.ª persona, singular.

hubiste ido → ______________

hayáis dicho → ______________

habían salido → ______________

habrán llegado → ______________

hubieras entrado → ______________

vienen → ______________

esperaríamos → ______________

comas → ______________

cogíais → ______________

escribiste → ______________

olvidaré → ______________

Vocabulario:
acudir (acudís)
aparecer (aparecieron)
coger (cogíais)
comer (comas)
correr
decir (hayáis dicho)
desear
empezar (empezarás)
entrar (hubieras entrado)
escribir (escribiste)
escuchar (escuchamos)
esperar (esperaríamos)
estar
gustar
ir (hubiste ido)
llegar (habrán llegado)
olvidar (olvidaré)
protestar (he protestado)
reír (ríes)
resistir (resisten)
salir (habían salido)
ser
traer (has traído)
venir (vienen, ha venido)

6 Copia las siguientes oraciones con los cambios necesarios.

El tren de medianoche llegó tarde.

Los trenes ______

Mi hermana pequeña corre mucho.

Mis hermanas ______

El pez nadaba tranquilamente en el río.

Los peces ______

Yo fui a la montaña de excursión.

Nosotros ______

¿Participaste tú en la carrera de triatlón?

¿______ vosotras ______?

7 Completa cada oración con la forma no personal del verbo que corresponda.

escuchar	llegar	recoger	leer

Estoy ______ música.

Acabo de ______ a mi casa.

Pedro está ______ su cuarto.

Esta semana llevo ______ dos libros.

8 Escribe la palabra que falta en la viñeta.

4

- Palabras con *h* intercalada.
- Diptongos e hiatos.
- Palabras derivadas.

Sobre una colina, entre los barrios más antiguos de la ciudad de Granada, la Alhambra aparece como un castillo majestuoso y exhibe desde allí su incomparable belleza. Como un cofre que esconde una preciosa alhaja, la Alhambra guarda tras sus murallas las huellas de una historia de lujoso palacio, fortaleza y ciudadela árabe. Sus numerosos jardines son reflejo del anhelo musulmán por el paraíso. En ellos, el rumor del agua, el olor a albahaca o el dulce perfume de la flor de azahar envuelven de paz el ambiente.

1 Relaciona cada palabra con su definición.

1	albahaca	◯ Joya, cualquier cosa de mucho valor.
2	alhaja	◯ Hierba con hojas en forma de lanza; tiene flores blancas y olor aromático.
3	anhelo	◯ Flor blanca del naranjo, del limonero y de otros árboles frutales que tiene muy buen olor.
4	azahar	◯ Recinto fortificado dentro de una ciudad.
5	ciudadela	◯ Mostrar o presentar algo a otros o ante el público.
6	exhibir	◯ Deseo muy grande.

2 Escribe una oración con cada uno de estos verbos.

prohibir

____

ahorrar

____

ahogar

____

exhibir

____

anhelar

____

3 Relaciona las palabras de la misma familia.

ahuecar	hondo
ahondar	hueco
deshabitar	hacer
deshacer	hebra
deshilvanar	honra
deshonrar	habitar
enharinar	harina
enhebrar	hilván

4 Completa el siguiente texto con las palabras del recuadro.

Daniel vive en Granada en una ______________________

en compañía de su mascota, un ______________________,

que se llama «Despierto», al que le encantan

los __________________________.

Daniel es músico. Toca un instrumento parecido

a la guitarra que se llama ____________________.

A Daniel le encanta pasear todas las mañanas

por los hermosos jardines de la ___________________________.

¡Son tan bonitos!

búho cacahuetes vihuela buhardilla Alhambra

5 Copia las siguientes palabras separando sus sílabas.

almohada	dehesa	bahía
al-mo-ha-da	____________	____________
vehículo	alcohol	moho
____________	____________	____________
ahora	alhelí	ahínco
____________	____________	____________

6 Escribe el nombre de las siguientes poblaciones donde corresponda; obtendrás una palabra que también se escribe con *h* intercalada.

Calahorra

Mahón

Orihuela

Sahagún

Vocabulario:

ahogar
ahondar
ahora
ahorrar
ahuecar
albahaca
alcohol
alhaja
alhelí
almohada
anhelar
anhelo
azahar
bahía
buhardilla
búho
cacahuetes
dehesa
deshabitar
deshacer
deshilvanar
deshonrar
enharinar
enhebrar
exhibir (exhibe)
moho
prohibir
vehículo
vihuela
zanahoria

5

- Oraciones interrogativas y exclamativas.
- Acentuación de interrogativos y exclamativos.

1 Escribe cada oración donde corresponda.

¡Qué calor! ¿Cuándo llegará el autobús? ¿Quién llamará? ¡Cuánto pesa!

2 Inventa una pregunta y una exclamación para estas viñetas.

3 Completa. Después, inventa y escribe otras oraciones con las palabras del recuadro.

qué
quién
cuándo
dónde
cómo

¿__________ vendrás a mi casa?

¡__________ has crecido!

¿__________ llama a la puerta?

¡__________ buen tiempo hace!

¿__________ has puesto las llaves?

RECUERDA QUE LAS PALABRAS QUE SIRVEN PARA INTRODUCIR PREGUNTAS O EXCLAMACIONES SE ESCRIBEN CON TILDE.

4 Inventa las preguntas.

Preguntas	Respuestas
__________	De Salamanca.
__________	En tren.
__________	Con mis padres.
__________	En casa de mis abuelos.
__________	El próximo sábado.

Vocabulario:
como
cómo
cuando
cuándo
cuanto
cuánto
donde
dónde
que
qué
quien
quién

5 Completa cada par de oraciones.

que qué	¡____________ casa tan grande! Te dije ____________ no iría.
quien quién	Puedes decírselo a ____________ quieras. ¿____________ te ha traído este regalo?
cuando cuándo	¿____________ habéis llegado? Lo haré ____________ tenga tiempo.
donde dónde	Esta es la casa ____________ vivo. ¿____________ vive tu tío Carlos?
como cómo	¡____________ me alegro de verte! Hazlo ____________ más te guste.
cuanto cuánto	¡____________ tardan! Come ____________ quieras.

6 Imagina las siguientes situaciones y escribe exclamaciones que expresen lo que tú dirías en cada caso.

Has ganado un viaje alrededor del mundo.

¡____

Te han elegido para hacer una película.

¡____

En la peluquería te han cortado mal el pelo.

¡____

6

- La tilde en palabras agudas, llanas y esdrújulas.
- Diptongos e hiatos.

1 Subraya las sílabas tónicas. Después, copia las palabras que son agudas.

chaqueta hollín vendaval autobús memoria jabalí
rotulador espejo pasillo pimentón

2 Forma una oración con el nombre de cada instrumento.

3 Subraya las sílabas tónicas. Después, copia las palabras que son llanas.

túnel tonel botella amor carácter mártir
caracol tórax robot arco

4 Completa el crucigrama con las palabras llanas con tilde del ejercicio anterior y obtendrás otra palabra llana. Después, escribe la definición de la palabra que has obtenido.

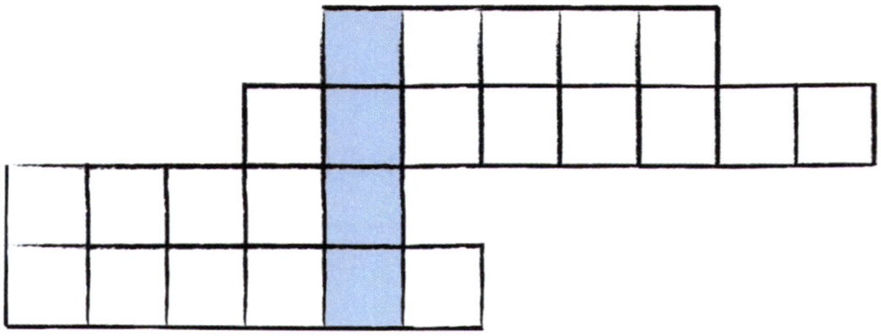

5 Escribe tilde en las palabras que sean esdrújulas.

central	planeta	gimnasia	informatica
musica	satelite	tecnica	mancha
tijeras	armada	enciclopedia	quimica
armario	cronometro	calendario	boligrafo

6 Forma oraciones con los sustantivos que corresponden a las ilustraciones.

7 Inventa y escribe una palabra de cada clase.

PALABRAS AGUDAS	Sin tilde	________
	Con tilde	________
PALABRAS LLANAS	Sin tilde	________
	Con tilde	________

8 Lee las pistas y escribe el nombre de la fuente que tiene agua potable.

- El nombre de la fuente con agua potable no lleva tilde.
- El nombre de la fuente con agua potable tiene un diptongo.
- El nombre de la fuente con agua potable no tiene cuatro sílabas.

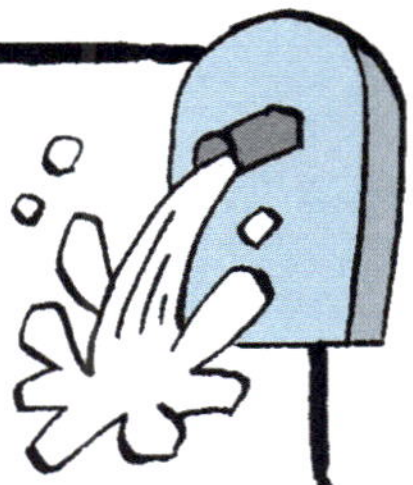

Frescagua	Fontemayor	Aguaclara	Gotasfrías

La fuente con agua potable se llama ________.

9 Escribe un nombre de persona que sea palabra esdrújula.

____

Vocabulario:
amor
arco
armada
armario
autobús
bolígrafo
botella
calendario
caracol
carácter
central
chaqueta
cronómetro
enciclopedia
espejo
gimnasia
hollín
informática
jabalí
mancha
mártir
memoria
música
pasillo
pimentón
planeta
química
robot
rotulador
satélite
técnica
tijeras
tonel
tórax
túnel
vendaval

7

- Palabras con *-cc-* o *-ct-*.
- Sustantivos derivados de verbos.

1 Escribe junto a cada verbo el sustantivo que pertenece a su misma familia. Después, resuelve el crucigrama con los sustantivos que has escrito.

acción	redacción	succión	reducción	corrección	producción
construcción	destrucción	elección	colección	dicción	

1. Construir: ____________________
2. Destruir: ____________________
3. Corregir: ____________________
4. Decir: ____________________
5. Actuar: ____________________
6. Producir: ____________________
7. Elegir: ____________________
8. Coleccionar: ____________________
9. Succionar: ____________________
10. Redactar: ____________________
11. Reducir: ____________________

2 Forma palabras y escríbelas.

tradu	-cción	______
	-ctor	______
reda	-cción	______
	-ctor	______
prote	-cción	______
	-ctor	______

3 Agrupa las palabras por familias.

proyecto conducta directo instructor lector director
instructivo lectura conductor proyector proyección
dirección lección conducción instrucción

leer → lector, lectura, lección.

dirigir → ______

instruir → ______

conducir → ______

proyectar → ______

4 Copia cada palabra junto a su definición.

corrección convicción predilección

Preferencia clara hacia algo: ______

Manera educada de comportarse: ______

Convencimiento, creencia firme: ______

Vocabulario:
acción
colección
conducción
conducta
conductor
construcción
corrección
destrucción
dicción
dirección
directo
director
elección
instrucción
instructivo
instructor
lección
lector
lectura
producción
protección
protector
proyección
proyecto
proyector
redacción
redactor
reducción
succión
traducción
traductor

8

- Palabras con *-z* final.
- Reconocimiento de sustantivos y adjetivos.
- Concordancia entre adjetivos y sustantivos.

Un día, las piezas blancas y negras de un ajedrez se reunieron en el tablero y se pusieron a hablar.

–¡Qué pesadez! Siempre estamos luchando entre nosotras –decían todas con tristeza.

Entonces decidieron que ese día harían una fiesta de disfraces.

Fue fantástico, cada pieza eligió el disfraz que más le gustaba: una reina se vistió de emperatriz y una torre se puso un antifaz.

Y, como dejaron de luchar, ¡lo pasaron genial!

1 Subraya en el texto todas las palabras que terminan en *-z*.

2 Escribe el singular de las siguientes palabras.

Plural		Singular
antifaces	→	____________
emperatrices	→	____________
luces	→	____________
actrices	→	____________
narices	→	____________
disfraces	→	____________
aprendices	→	____________
voces	→	____________

3 Completa las siguientes oraciones con la forma del adjetivo que corresponda.

feliz	fugaz	eficaz

Te deseo que pases unas ______________ vacaciones.

Contemplamos en el cielo una lluvia de estrellas ______________.

Existen medicamentos muy ______________ contra las infecciones.

4 Sigue el modelo y escribe palabras terminadas en *-z*. Después, elige la clase de palabras que corresponda y rellena los carteles.

clases de palabras: sustantivos y adjetivos

Estas palabras son ______________

pesado	pesadez
escaso	______________
estrecho	______________
honrado	______________
maduro	______________
sensato	______________
pequeño	______________
rápido	______________
tímido	______________

Estas palabras son ______________

5 Escribe dos oraciones con palabras del ejercicio anterior, una con un sustantivo y otra con un adjetivo.

____

____

Vocabulario:
actriz
ajedrez
antifaz
aprendiz
disfraz
eficaz
emperatriz
escasez
estrechez
feliz
fugaz
honradez
luz
madurez
nariz
pequeñez
pesadez
rapidez
sensatez
timidez
voz

9

- Palabras terminadas en *-d*.
- Palabras derivadas.
- Concordancia entre sujeto y verbo.

El yogur es un alimento muy bueno para la .
Si se toma con frecuencia, proporciona .
Además, es lo mejor que puedes comer si te estás recuperando de alguna .
¡A mí me gusta una !

salud	enfermedad	vitalidad	barbaridad

1 Lee el texto sustituyendo los dibujos por la palabra que corresponda. Después, cópialo.

2 Forma sustantivos a partir de los adjetivos con alguna de las siguientes terminaciones.

Adjetivos		Sustantivos
alto	-itud	altitud
amplio		____________
bueno		____________
claro	-dad	____________
exacto		____________
lento		____________

3 Copia sustituyendo los dibujos por palabras terminadas en *-d*.

Los pescadores echaron la 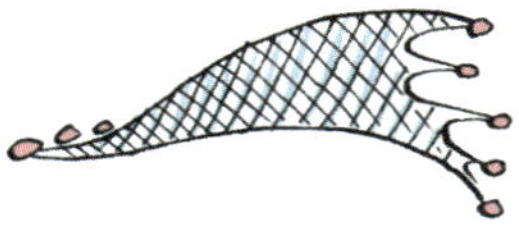 al agua.

____

El jardinero estaba cortando el  .

____

Sevilla es una  preciosa.

____

Se debe cuidar la 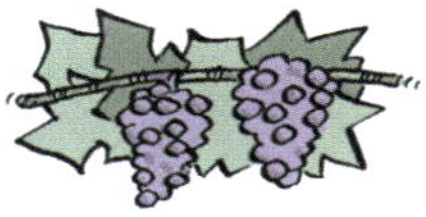 para obtener buenas uvas.

____

Un  adorna la pared del salón.

____

Vocabulario:
barbaridad
casualidad
césped
ciudad
enfermedad
genialidad
majestad
pared
red
salud
vid
vitalidad

4 Sustituye las palabras destacadas por las correspondientes formas en plural y escribe correctamente las oraciones.

Su **majestad** el Rey inauguró la exposición.

____

Siempre se le ocurre alguna **genialidad**.

____

La **festividad** congregó a los vecinos.

____

Parecía **casualidad**, pero no lo era.

____

5 Resuelve el crucigrama y obtendrás el final de la siguiente oración.

1. El conjunto de todos los seres humanos.
2. Característica de lo que es asiduo.
3. Cada una de las dos partes iguales en que se divide algo.
4. Característica de las personas humildes.

El vampiro dormía en un cómodo ______________.

10

- Palabras con *x*.
- Palabras derivadas.
- Conjugación verbal.

1 Busca cinco palabras con *x* y escríbelas.

____

____

____

____

____

U	R	L	P	O	X	Í	G	E	N	O
X	D	T	E	X	T	E	R	I	O	R
O	A	U	X	I	L	I	O	R	A	E
L	K	S	O	N	R	K	H	L	Y	U
M	E	X	P	L	O	S	I	Ó	N	A
O	O	A	U	R	I	L	K	O	H	D
E	X	P	E	R	I	M	E	N	T	O

2 Escribe una oración en la que aparezcan dos de las palabras anteriores.

____

____

3 Completa el siguiente texto con las palabras que has encontrado en la sopa de letras.

Ayer, el profesor Genius estaba en su laboratorio

realizando un peligroso ______________________.

Como es tan despistado, se confundió al mezclar

unos líquidos y provocó una gran ______________________.

El profesor salió al ______________________ gritando:

«¡______________________! ¡Me falta el ______________________!».

4 Forma sustantivos a partir de verbos.

aproximar → aproximación

exagerar → ______

excavar → ______

exclamar → ______

explicar + -ción → ______

explorar → ______

oxidar → ______

exponer → ______

intoxicar → ______

5 Escribe el infinitivo de los verbos destacados. Después, clasifica las formas verbales según sean regulares o irregulares.

Luis se **expresa** con mucha claridad. → ______

Se comporta como si sólo **existiera** él en el mundo. → ______

El escultor **ha expuesto** sus obras en varias galerías. → ______

Hay peligro de que el viento **extienda** el fuego al bosque. → ______

Es normal que **extrañes** la cama del hotel. → ______

El dentista le **extrajo** la muela del juicio. → ______

Formas regulares	Formas irregulares
______	______
______	______
______	______

6 Escribe las siguientes oraciones poniendo el verbo en pretérito imperfecto y en futuro de indicativo.

El coche del equipo auxilia a los ciclistas.

El cuello alto me asfixia en los lugares cerrados.

Con las prisas siempre extravío algo.

Se extrema la vigilancia en las carreteras.

Reflexiono antes de tomar una decisión importante.

Vocabulario:
aproximar
asfixiar (asfixia)
auxiliar (auxilia)
auxilio
exagerar
excavar
exclamar
existir (existiera)
experimento
explicar
explorar
explosión
exponer (ha expuesto)
expresar (expresa)
extender (extienda)
extraer (extrajo)
extrañar (extrañes)
extraviar (extravío)
extremar (extrema)
intoxicar
oxidar
oxígeno
reflexionar (reflexiona)

11

- El pretérito perfecto simple de los verbos *estar* y *tener*.
- El presente y el pasado.

1 Observa el pretérito perfecto simple del verbo *tener*. Después, escribe el mismo tiempo del verbo *estar*.

yo tuve	yo estuve
tú tuviste	______________
él tuvo	______________
nosotros tuvimos	______________
vosotros tuvisteis	______________
ellos tuvieron	______________

2 Forma oraciones y escríbelas.

Juan	estuve	con **nuestra** abuela.
Sergio y su familia	estuviste	en la playa.
Yo	estuvo	con **mi** amigo Luis.
Mi prima y yo	estuvimos	comprando **él** solo.
Pedro y tú	estuvisteis	a punto de caer**os**.
Tú	estuvieron	en casa de **tu** prima.

____

____

____

____

____

____

3 Completa la tabla con los pretéritos perfectos simples de estos verbos.

	estar	detener	retener	obtener	contener
Yo	estuve	detuve	retuve	obtuve	contuve
Tú					
Él					
Nosotros					
Vosotros					
Ellos					

4 Copia las oraciones poniendo los verbos en pretérito perfecto simple.

Sergio contiene la respiración para bucear.

____

Ana y Luis están todo el día en la playa.

____

El policía detiene al ladrón de joyas.

____

Tú y yo obtenemos el premio.

____

El químico retiene las fórmulas en la mente.

____

5 Entre estos verbos hay dos que no se conjugan como *tener*. Para averiguarlo, forma el pretérito perfecto simple de todos ellos. Después, completa.

detener	entender	retener	obtener
defender	contener	entretener	

Los verbos que no se conjugan como *tener* son:

____

Vocabulario:
estar
tener
detener
entender
retener
obtener
contener
entretener

12

- Los signos de interrogación.
- Uso de *por qué* y *porque*.

1 Relaciona las afirmaciones de los dos carteles escribiendo en el de la derecha los números correspondientes. Después, formula preguntas y respuestas como las del ejemplo.

Preguntas (por qué...)	Respuestas (porque...)
1. Debemos evitar los herbicidas.	◯ Contaminan las aguas.
2. No hay que encender hogueras en el campo.	◯ Provocan incendios.
3. Hay que evitar los gases y los humos.	◯ Contaminan la atmósfera.
4. Debemos frenar el vertido de residuos.	◯ Estropean el suelo.

1. ¿Por qué debemos evitar los herbicidas?

   Porque estropean el suelo.

2. ____

3. ____

4. ____

2 Inventa y escribe una pregunta y una respuesta sobre la conservación de la naturaleza.

13

- Verbos en presente y pasado.
- Uso de expresiones que indican lugar.

1 Colorea de dos colores distintos los caminos que siguen César y Rafa desde sus casas hasta llegar al molino. Después, completa.

César toma el camino que va recto al ______________________.

Al llegar a la ______________________ tuerce a la derecha y cruza el río

por el ______________________. Luego, bordea

el ______________________ hasta llegar al ______________________.

2 Ahora, observa el camino de Rafa y escribe.

Rafa toma el camino que va recto a la ______________________.

A los pocos metros, tuerce a la derecha.

Deja a un lado el ______________________ y bordea

el ______________________ hasta llegar al ______________________.

3 Completa las siguientes oraciones con el verbo en tiempo pasado.

César y Rafa ______________ (atravesar) el río por el Puente Real.

César ______________ (torcer) hacia la derecha al llegar a la fuente.

César y Rafa ______________ (bordear) el lago por caminos distintos.

14

- Verbos en pasado.
- Descripción de acciones.

Diario de Irene

Ayer soñé que hacía un viaje a Marte.
La salida fue emocionante. Llegué a una estación espacial y subí a un cohete.
El trayecto fue muy divertido. Vi a mi alrededor brillantes estrellas y una grúa que remolcaba un ovni averiado.
Al llegar a Marte sufrí un enorme atasco.
En el atasco conocí a un marciano muy simpático.
Con él me comí una bolsa de palomitas galácticas.
Luego sonó el despertador y no pude seguir soñando... ¡Qué pena!

1 Rodea todos los verbos que aparecen en el texto. Después, copia su infinitivo donde corresponda.

1.ª conjugación: verbos en *-ar*	2.ª conjugación: verbos en *-er*	3.ª conjugación: verbos en *-ir*

2 Cuenta resumidamente el viaje que hizo Irene en sueños.

La salida — Irene llegó a una estación ______________________

____

El trayecto — En el trayecto vio ______________________

____

La llegada — Al llegar a Marte sufrió ______________________

____

3 Imagina que eres Cristóbal Colón y cuenta el viaje.

La salida — Salida el 3 de agosto de 1492 en tres carabelas. La tripulación iba muy animada.

El trayecto — Estuvo lleno de dificultades. Empezaron a faltar las reservas de alimento y agua.

La llegada — Unos dos meses después, el 12 de octubre, llegaron a una isla.

Viaje al Nuevo Mundo

Vocabulario:
comer (comí)
conocer (conocí)
ser (fue)
hacer (hacía)
llegar (llegué)
remolcar (remolcaba)
sonar (sonó)
soñar (soñé)
subir (subí)
sufrir (sufrí)

15

- Descripción gráfica de situaciones a partir de textos.
- Uso de los estilos directo e indirecto.
- Las formas no personales del verbo.

1 Lee la siguiente historia y cuéntala en forma de cómic. Hazlo así:

1. Decide cómo será cada viñeta (lugar, personajes, texto de los bocadillos, palabras del narrador, etc.).
2. Expresa el carácter y los sentimientos de los personajes mediante tus dibujos. Utiliza distintos tipos de letra para expresar mejor las situaciones.

Un fuerte ataque

Un día, Pablo tuvo un fuerte ataque de hipo. Cuando intentaba hablar, sólo podía decir algunas sílabas seguidas de violentos «hip, hip».
Su amiga Ana decidió curárselo con un buen susto. Ana se escondió detrás de una puerta, infló un globo, cogió un alfiler y… ¡pinchó el globo al lado de la oreja de Pablo! Él, después de recuperarse del susto, le dio las gracias a su amiga. ¡Ya no tenía hipo!

16

- Palabras con *b* y palabras con *v*.
- El pretérito imperfecto de indicativo.
- Las formas no personales del verbo.

Allá abajo se veía un pueblo.

El sol estaba alto en el cielo y calentaba mucho.

Llegaban cerca del puente cuando vieron el mercado con los caballos, los bueyes, las ovejas y toda clase de aves.

1 Rodea las palabras que tienen *b* o *v* y cópialas donde corresponda.

Palabras con *b*: ______________________

Palabras con *v*: ______________________

2 Escribe cada palabra donde corresponda.

vista   bajada   rebajar   visible   visión
bajo   revista   abajo

Familia de *ver*: ______________________

Familia de *bajar*: ______________________

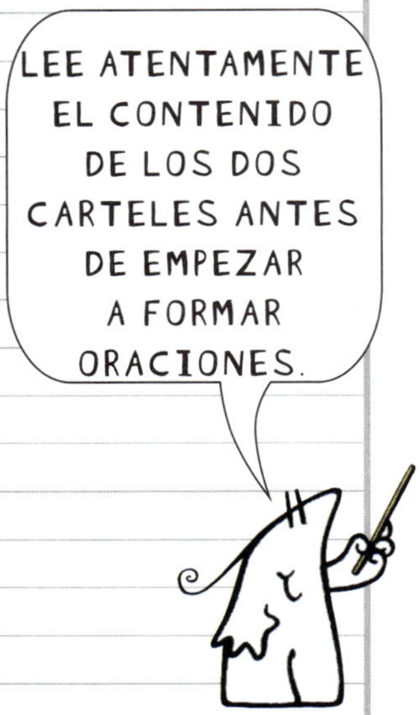

3 Combina palabras de los dos carteles para formar oraciones. Después, escribe.

Yo estaba →	jugando muy contento.
Tú estabas	solo en **mi** casa.
Mi primo estaba	esperando a **tu** madre.
Mis amigos y yo estábamos	nerviosos por el estreno.
Tú y tus amigos estabais	muriéndo**os** de risa.
Los actores estaban	entrenándo**nos** para la final.

4 Completa las formas no personales de los verbos que se indican.

Infinitivo	Gerundio	Participio
buscar		
	avisando	
		convidado
embrujar		
abandonar		
		bombeado
vencer		
	ablandando	
		bordeado
dividir		

5 Escribe *con-* o *com-* para completar las siguientes palabras y cópialas. Después, resuelve con ellas el crucigrama.

____vencer	____	____binar	____
____versar	____	____bustible	____
____vivir	____	____bate	____
____vento	____	____ba	____

1. Cuerda para saltar.
2. Sustancia que se quema para producir energía.
3. Vivir con otras personas.
4. Conseguir que una persona acepte algo.
5. Casa en la que viven religiosos o religiosas.
6. Unir cosas diferentes para formar un conjunto.
7. Pelea.
8. Hablar o charlar.

Vocabulario:
abajo
abandonar
ablandar
aves
avisar
bajada
bajo
bombear
bordear
bueyes
buscar
caballos
calentar (calentaba)
comba
combate
combinar
combustible
convencer
convento
conversar
convivir
dividir
embrujar
estar (estaba)
llegar (llegaban)
ovejas
rebajar
revista
ver (veía)
vencer
ver (vieron)
visible
visión
vista

6 Forma oraciones utilizando las palabras que se indican. Escribe el verbo en la forma que corresponda.

conversar divertido libro

____

____

combatir valiente victoria

____

____

Vocabulario:
allanar
amarillo
anillo
arcilla
avellanas
bayeta
bolsillo
brillo
callejuela
carretillas
cuello
fuelle
llegar (habéis llegado)
maravilloso
mellados
mayo
pasillo
rodilla
villanos
yegua
yema

17

- Sustantivos y adjetivos.
- Palabras con *ll* y palabras con *y*.
- La persona en los verbos.

1 Completa las palabras con *ll* o *y*.

rodi___a   ba___eta   va___a   fue___e

ma___o   bri___o   bolsi___o   arci___a

___egua   ___ema   cue___o   pasi___o

2 Analiza las siguientes palabras.

Palabras	Clases de palabras	Género	Número
cuello	sustantivo	masculino	singular
carretillas			
mellados			
villanos			
callejuela			
amarillas			
maravilloso			

3 ¿En qué persona están las formas verbales de estas oraciones? Escribe.

Tú siempre llevas algo en el bolsillo. → 2.ª pers., sing.

Mi tía me ha comprado un anillo. → __________

Vosotras habéis llegado a la meta. → __________

Yo compré unos bollos de avellanas. → __________

No pudimos allanar el hoyo. → __________

Este es mi nuevo vecino. → __________

18

- División de palabras en sílabas.
- Diptongos e hiatos.
- Acentuación de diptongos e hiatos.

Mi tía María vive en el pueblo. Es una anciana que siempre está narrando cuentos e historias. Dicen que de joven visitó muchos países y por eso se pasa ahora todo el día contando sus aventuras.

1 Subraya en el texto las palabras que contengan diptongos o hiatos. Después, escribe tres de cada tipo.

Diptongos ______________________________

Hiatos ______________________________

2 Clasifica las siguientes palabras y escríbelas donde corresponda.

bien pueblo tía países aventuras vaivén sal
embaucador juez sombrilla luz panadería florero
continuación puente cazuela

Monosílabas	Bisílabas	Trisílabas	Polisílabas
bien			

3 ¿Sabes por qué lleva tilde la palabra *tía*? Explícalo.

____

____

Vocabulario:
ahora
anciana
aventuras
bien
cazuela
continuación
cuentos
día
embaucador
florero
historias
juez
luz
países
panadería
pueblo
puente
sal
siempre
sombrilla
tía
vaivén

19

- Adjetivos calificativos.
- Grados del adjetivo.

1 Escribe los siguientes adjetivos en grado comparativo y en grado superlativo.

Grado positivo	Grado comparativo	Grado superlativo
guapo	más guapo que	guapísimo
estudioso	________	________
grande	________	________
divertido	________	________
simpático	________	________
fuerte	________	________

2 Transforma estas oraciones para que contengan adjetivos en grado superlativo.

Mi tío es muy amable.

Mi tío es amabilísimo.

El leñador se perdió porque era muy despistado.

El leñador se perdió ____________________

Ana se compró unos zapatos muy baratos.

____

Las ruinas de Segóbriga son muy antiguas.

____

3 Une las palabras de cada columna. Después, escribe tres oraciones con esos adjetivos en grado comparativo.

tan más menos	cariñoso elegante ordenado	que como

4 Describe a cada personaje. Después, establece comparaciones.

Drácula es

El Hombre Lobo es

King-Kong es

Drácula es más

El Hombre Lobo es más

King-Kong es más

5 Relaciona cada adjetivo con el superlativo que significa lo mismo.

diminuto	feísimo
lóbrego	pequeñísimo
horrible	oscurísimo

Vocabulario:
amable
antiguas
baratos
cariñoso
despistado
diminuto
divertido
elegante
feísimo
fuerte
grande
guapo
horrible
lóbrego
ordenado
oscurísimo
pequeñísimo
simpático

20

- Clases de sustantivos.
- Género y número de los sustantivos.

1 Subraya todos los sustantivos del siguiente texto.

Los veranos en la playa

Marta comenzaba sus vacaciones con sus abuelos en una playa de Mallorca. Era un día precioso, brillaba el sol y se respiraba una suave brisa fresca y relajante. Las vacaciones de verano eran para Marta la época mejor del año. Siempre recordaría sus veranos en la playa como tiempos de felicidad, amor y tranquilidad.

2 Copia los sustantivos abstractos. Después, escribe una oración con cada uno de ellos.

Sustantivos abstractos ______________________

____

____

____

3 Clasifica los siguientes sustantivos en comunes y propios e inventa dos oraciones, cada una con un sustantivo de cada grupo.

padre	colegio	Marta	jardín
Londres	fiesta	Mallorca	sol

Sustantivos comunes ______________________

Sustantivos propios ______________________

____

____

4 Escribe ejemplos de sustantivos propios que empiecen con la letra indicada.

	Ciudades	Ríos	Países
T	______	______	______
G	______	______	______
M	______	______	______

5 Busca en esta sopa de letras catorce sustantivos. Después, elige dos sustantivos de cada tipo y cópialos.

R	E	B	A	Ñ	O	L	D	E	P	S	P
S	P	Q	E	A	T	O	L	R	A	I	F
A	E	A	F	L	O	T	A	M	Z	O	E
M	U	O	R	L	Ñ	J	M	P	A	S	L
A	A	Z	A	Z	O	T	O	L	W	V	I
Z	A	Q	N	Ñ	P	A	R	Í	S	S	C
O	P	Q	C	X	C	B	I	L	L	E	I
N	O	S	I	L	L	Ó	N	R	I	V	D
A	U	I	S	S	A	E	R	O	B	I	A
S	A	Q	C	D	F	R	E	T	R	L	D
P	O	S	O	N	I	A	L	Q	O	L	I
B	O	L	Í	G	R	A	F	O	D	A	E

Sustantivos comunes: ______

Sustantivos propios: ______

Sustantivos individuales: ______

Sustantivos colectivos: ______

Sustantivos abstractos: ______

Sustantivos femeninos: ______

Sustantivos masculinos: ______

Vocabulario:
abuelos
amazonas
amor
año
bolígrafo
brisa
colegio
día
felicidad
fiesta
flota
jardín
libro
otoño
padre
paz
playa
rebaño
sillón
sol
tiempos
tranquilidad
vacaciones
verano

21

- Rima consonante.
- División de palabras en sílabas.

Doña Primavera
viste que es primor;
viste en limonero
y en naranjo en flor.
Salid a encontrarla
por esos caminos.
¡Va loca de soles
y loca de trinos!
Doña Primavera,
de aliento fecundo,
se ríe de todas
las penas del mundo.

GABRIELA MISTRAL (fragmento)

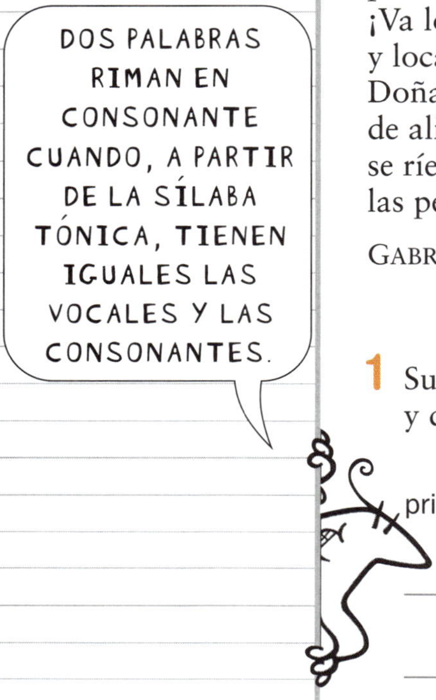

1 Subraya en el texto las palabras que riman. Después, cópialas y divídelas en sílabas. Por último, rodea las sílabas tónicas.

primor → pri- (mor)   ________ → ________

________ → ________   ________ → ________

________ → ________   ________ → ________

2 Clasifica estas palabras por su terminación. Añade una palabra más a cada grupo.

mariposa	limonero	rosa	olorosa	lucero	sendero

Terminan en *-osa*: ____________________

____

Terminan en *-ero*: ____________________

____

22

- El género de los adjetivos.
- Concordancia entre adjetivo y sustantivo.

Vocabulario:
alta
amable
cobarde
cortés
difícil
frondosos
habitual
ingenioso
maduras
noble
pantanoso
turbia
útil
valiente

1 Subraya en cada caso el adjetivo. Después, escribe adjetivos para los tres sustantivos que aparecen solos.

hombre ingenioso	árboles frondosos	lago pantanoso
caña alta	uvas maduras	agua turbia
conejo ______	quesos ______	lluvia ______

2 Busca en la sopa de letras ocho adjetivos y cópialos.

A	M	A	B	L	E	D	P	O	D
L	H	Q	Z	C	W	E	R	T	I
L	A	Ñ	N	O	B	L	E	F	F
E	B	R	J	B	H	U	I	O	Í
Q	I	W	E	A	R	T	Y	O	C
P	T	O	Q	R	W	D	A	S	I
L	U	O	P	D	O	Ú	T	I	L
V	A	L	I	E	N	T	E	L	J
N	L	S	D	E	R	J	K	O	P
Q	A	E	R	C	O	R	T	É	S

3 Completa con adjetivos de la sopa de letras.

Es una costumbre ______ levantarse más tarde en verano.

Tengo una yegua muy ______ que nunca se encabrita.

El ______ bombero rescató a una niña de las llamas.

Los alumnos superaron una ______ prueba de razonamiento.

23

- El estilo directo y el estilo indirecto.
- El pretérito perfecto simple.

1 Completa en cada caso la parte que corresponda.

Estilo directo		Estilo indirecto
–Yo vivo en una preciosa charca –dijo la rana.	▶	La rana dijo que ella vivía en una preciosa charca.
–¿Está muy lejos? –preguntaron los niños.	▶	______
______	▶	La rana contestó que no, que estaba al otro lado del bosque.
–Allí hay máquinas trabajando –dijeron los niños–. Es una zona peligrosa.	▶	______

2 Redacta el siguiente diálogo en estilo indirecto.

–¡Hola, rana! –saludó el castor–. ¿Adónde vas?

–Muy lejos –contestó la rana–. Las excavadoras han destruido mi casa.

–Pues ven conmigo –propuso el castor–. Conozco un lugar tranquilo.

______

______

______

______

______

3 Rodea en cada caso la palabra que podría sustituir a la que aparece subrayada.

Los niños advirtieron a la rana de que las máquinas eran peligrosas.

informaron	enfatizaron	reconvinieron

El castor animó a la rana a ir con él.

obligó	incitó	ratificó

4 Escribe el pretérito perfecto simple de los siguientes verbos.

decir	**advertir**

5 Completa el crucigrama.

1. Hacer ver a alguien que se ha portado mal.
2. Confirmar lo que se ha dicho o lo que se ha hecho.
3. Hacer que alguien actúe de determinada forma.
4. Dar información a alguien.
5. Destacar la importancia de algo.
6. Inducir a alguien a actuar de una forma determinada.

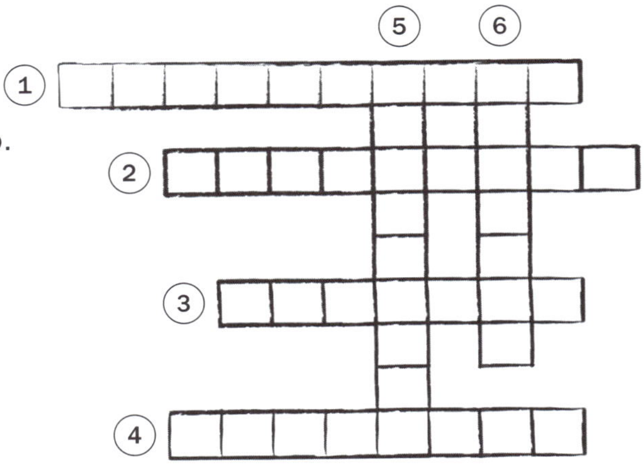

Vocabulario:
advertir
contestar
decir

24

- Verbos en presente y en pasado.
- Construcción de oraciones interrogativas directas.

Viaje al centro de la Tierra es una novela del escritor Julio Verne que se publica en 1864. En ella se cuentan las aventuras que viven tres personajes en el interior de nuestro planeta.

Los principales personajes del libro son el profesor Lidenbrock, su sobrino Axel y el guía islandés que les acompaña, Hans Bjelke. Los tres juntos realizan un viaje lleno de peripecias por el interior de la Tierra. Encuentran en su camino animales prehistóricos, plantas que no existen en la superficie... En definitiva, exploran un mundo fascinante.

1 Lee el texto. Después, completa.

Los verbos del texto están en tiempo ____________.

2 Completa el texto escribiendo los verbos en pasado.

Viaje al centro de la Tierra ____________ una novela del escritor Julio Verne que se ____________ en 1864. En ella se ____________ las aventuras que ____________ tres personajes en el interior de nuestro planeta. Los principales personajes del libro ____________ el profesor Lidenbrock, su sobrino Axel y el guía islandés que les ____________, Hans Bjelke. Los tres juntos ____________ un viaje lleno de peripecias por el interior de la Tierra. ____________ en su camino animales prehistóricos, plantas que no ____________ en la superficie... En definitiva, ____________ un mundo fascinante.

3 Escribe las preguntas que corresponden a las siguientes respuestas.

El título de la novela de Julio Verne es *Viaje al centro de la Tierra*.

Los personajes principales son el profesor Lidenbrock, su sobrino Axel y el guía islandés Hans Bjelke.

La novela se desarrolla en el interior de la Tierra.

Los protagonistas encuentran en su camino animales prehistóricos, plantas que no existen en la superficie…

Es una novela de aventuras y fantasía.

4 Contesta a las mismas preguntas de la actividad anterior sobre el último libro que hayas leído.

25

- Uso del imperativo.
- Secuencia temporal.

En muchos lugares públicos existen cabinas con cámaras automáticas para hacer fotos de forma rápida y sencilla. Estos son los pasos que hay que seguir para hacerse las fotos:

Primero, hay que ajustar el asiento para que al sentarse la cabeza quede a la altura adecuada.

Luego, se deben introducir las monedas con el importe exacto.

Después, mientras parpadea una luz roja, hay que permanecer quieto para que los disparos no nos pillen desprevenidos.

Finalmente, hay que esperar que las fotos aparezcan. Cuando esto ocurra, se debe dejar pasar unos minutos antes de cogerlas para que se sequen bien.

1 Numera los párrafos del texto en los que se explica los pasos que hay que seguir para hacerse las fotos.

2 Escribe las instrucciones que deben aparecer en la cabina para cada uno de los pasos. Usa formas verbales de imperativo.

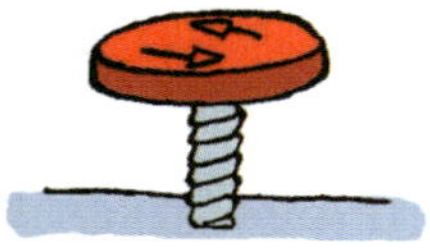

Ajuste la altura del asiento.

Introduzca ______________________________

____

____

____

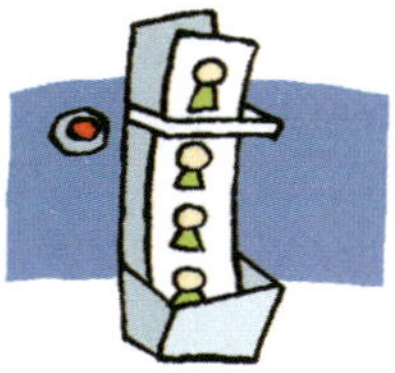

____

____

3 Lee los mensajes y explica cómo se utiliza un teléfono público con tarjeta.

Espere tono	Inserte tarjeta	Marque número	Retire tarjeta

4 Escribe instrucciones que expliquen cómo funcionan estos aparatos.

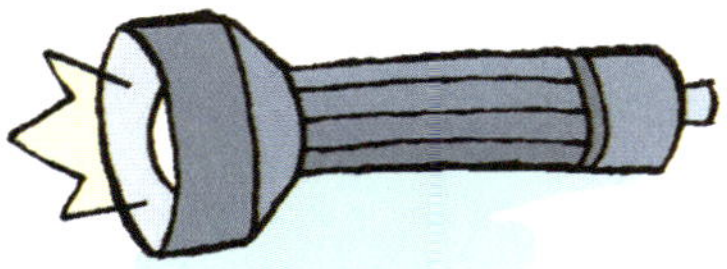

26

• Palabras terminadas en *-aje* o *-eje*.

1 Completa el siguiente texto con las palabras del recuadro. Después, copia las oraciones.

viaje	deje	aleje	queje

Consejos para viajar feliz

1. Prepare el ______________ con tiempo.

____

2. ______________ en casa todas las preocupaciones.

____

3. ______________ de usted el mal humor.

____

4. ¡Y no se ______________ aunque surja algún contratiempo!

____

2 Entre las palabras que faltaban en el texto anterior había un sustantivo. Inventa una oración con esa palabra.

____

3 Forma sustantivos terminados en *-aje*. Después, cópialos.

camuflar
aterrizar
abordar
maquillar
patinar

camuflaje

____

____

____

____

4 Escribe la palabra que corresponde a las siguientes definiciones.

eje tejemaneje hereje despeje

Persona que comete una herejía. ____________

Hecho de despejar la pelota. ____________

Línea imaginaria alrededor de la cual gira un cuerpo. ____________

Actividad intensa o con continuos movimientos que tiene una persona mientras realiza algo. ____________

5 ¿Te gustan los piratas de los cuentos? Imagina al pirata más valiente del mar Caribe y descríbelo. Usa las siguientes palabras.

tatuaje coraje salvaje ropaje abordaje

Vocabulario:

alejar (aleje)
coraje
dejar (deje)
despeje
eje
hereje
quejar (queje)
ropaje
salvaje
tatuaje
tejemaneje
viaje

27

- Rimas.

1 Completa este diálogo disparatado con palabras de los recuadros.

marquesa	caracol	marciano

–Buenos días, don Mariano.

–¡Oiga! Yo no soy ningún ____________.

–¿Ha visto usted a Marisol?

–No, no he visto ningún ____________.

–¿Qué tal su hija Teresa?

–¿Que mi hija se ha hecho ____________?

2 Observa la nota de pedido y lo que traen del supermercado. Luego, imagina la conversación entre la clienta y el dependiente y escríbela.

SOLUCIONARIO

1

PÁGINA 6

1. bonito, escarpadas, pequeño, tranquilo, agradable, alegre, calurosas, frío.
2. Mi pueblo está en un valle.
   Mi pueblo es tranquilo y agradable.
   Mi pueblo está entre dos riachuelos.
   Mi pueblo es muy alegre.
   Mi pueblo es caluroso en verano.
   Mi pueblo es muy frío en invierno.

PÁGINA 7

3. un pueblo bullicioso, un valle tórrido, una calle amplia, una iglesia moderna, un terreno llano, un bosque soleado.
4. yo sea, tú seas, él/ella sea, nosotros/nosotras seamos, vosotros/vosotras seáis, ellos/ellas sean.
   yo estaba, tú estabas, él/ella estaba, nosotros/nosotras estábamos, vosotros/vosotras estabais, ellos/ellas estaban.

2

PÁGINA 8

1. La saluda y le pregunta si ella también está de compras. Rosa le responde que no, que trabaja allí. Raúl le pregunta por una guía de viajes. Rosa le explica dónde están. Raúl le da las gracias y se despide.
2. El conductor del autobús dice a los pasajeros que el autobús se ha averiado.
   El camarero dice al cliente que se han terminado las botellas de agua mineral.

PÁGINA 9

3. –¿Adónde le llevo? –pregunta el taxista.
   –A la Plaza Mayor –contesta el cliente.
   –¿Cree que habrá atasco? –pregunta el cliente.
   –A estas horas siempre hay mucho tráfico –responde el taxista.
4. Un niño protesta porque el ascensor no funciona. El portero le dice que tiene que llamarlo. Y el niño llama a gritos al ascensor.

3

PÁGINA 10

1. Ojo de Lince y yo estamos en la ciudad. A nosotros no nos gusta. Los coches corren demasiado y la vida es muy ruidosa. Nosotros deseamos volver al poblado.
2. Respuesta gráfica (R. G.). Ella permaneció callada. Tú conduces muy mal. Yo voy al cine. Ellos miraban atentos. Ellas querían ser azafatas. Nosotras estamos sentadas. Él es médico. Vosotros parecéis aburridos.
3. Mi hermano y yo queremos agua.
   Mis abuelos prefieren ir al teatro.

PÁGINA 11

4. Singular: ha venido, empezarás, ríes, he protestado.
   Plural: escuchamos, acudís, aparecieron, resisten.
5. hubiste ido: verbo ir, 2.ª pers., sing.; hayáis dicho: verbo decir, 2.ª pers., pl.; habían salido: verbo salir, 3.ª pers., pl.; habrán llegado: verbo llegar, 3.ª pers., pl.; hubieras entrado: verbo entrar, 2.ª pers., sing.; vienen: verbo venir, 3.ª pers., pl.; esperaríamos: verbo esperar, 1.ª pers., pl.; comas: verbo comer, 2.ª pers., sing.; cogíais: verbo coger, 2.ª pers., pl.; escribiste: verbo escribir, 2.ª pers., sing.; olvidaré: verbo olvidar, 1.ª pers., sing.

PÁGINA 12

6. Los trenes de medianoche llegaron tarde.
   Mis hermanas pequeñas corren mucho.
   Los peces nadaban tranquilamente en el río.
   Nosotros fuimos a la montaña de excursión.
   ¿Participasteis vosotras en la carrera de triatlón?
7. Estoy escuchando música. Acabo de llegar a mi casa. Pedro está recogiendo su cuarto. Esta semana llevo leídos dos libros.
8. ¡Vamos! Andando que es gerundio.

4

PÁGINA 13

1. 2, 1, 4, 5, 6, 3.

PÁGINA 14

2. Respuesta libre (R. L.).
3. ahondar-hondo, deshabitar-habitar, deshacer-hacer, deshilvanar-hilván, deshonrar-honra, enharinar-harina, enhebrar-hebra.

PÁGINA 15

4. buhardilla, búho, cacahuetes, vihuela, Alhambra.
5. de-he-sa, ba-hí-a, ve-hí-cu-lo, al-co-hol, mo-ho, a-ho-ra, al-he-lí, a-hín-co.
6. Mahón, Orihuela, Sahagún, Calahorra. La palabra oculta es *moho*.

5

PÁGINA 16

1. ¿Quién llamará? ¿Cuándo llegará el autobús?
   ¡Cuánto pesa! ¡Qué calor!
2. Respuesta modelo (R. M.). ¡Cuánto me gusta correr! ¿Cómo funcionará esto?

PÁGINA 17

3. ¿Cuándo vendrás a mi casa? ¡Cómo has crecido! ¿Quién llama a la puerta? ¡Qué buen tiempo hace! ¿Dónde has puesto las llaves?
   R. L.
4. ¿De dónde vienes? ¿Cómo has venido? ¿Con quién has venido? ¿Dónde vas a dormir? ¿Cuándo vuelves a Salamanca?

PÁGINA 18

5. Qué/que, quien/Quién, Cuándo/cuando, donde/Dónde, Cómo/como, Cuánto/cuanto.
6. R. M. ¡He ganado un viaje alrededor del mundo!
   ¡Me han elegido para hacer una película!
   ¡Qué mal me han cortado el pelo!

6

PÁGINA 19

1. R. G. cha<u>que</u>ta, ho<u>llín</u>, venda<u>val</u>, auto<u>bús</u>, me<u>mo</u>ria, jaba<u>lí</u>, rotula<u>dor</u>, es<u>pe</u>jo, pa<u>si</u>llo, pimen<u>tón</u>. Son agudas: hollín, vendaval, autobús, jabalí, rotulador, pimentón.
2. R. L.
3. <u>tú</u>nel, to<u>nel</u>, bo<u>te</u>lla, a<u>mor</u>, ca<u>rác</u>ter, <u>már</u>tir, cara<u>col</u>, <u>tó</u>rax, ro<u>bot</u>, <u>ar</u>co. Son llanas: túnel, botella, carácter, mártir, tórax, arco.

PÁGINA 20

4. túnel, carácter, tórax, mártir. Palabra oculta: *taxi*.
   R. M. Un taxi es un automóvil en el que pueden viajar las personas pagando.
5. informática, música, satélite, técnica, química, cronómetro, bolígrafo.
6. Ángel, lámpara, árbol, sofá, pirámide. R. L.

PÁGINA 21

7. R. M. Palabras agudas. Sin tilde: cartel. Con tilde: timón.
   Palabras llanas. Sin tilde: libro. Con tilde: césped.
8. La fuente con agua potable se llama Frescagua.
9. R. M. Álvaro.

7

PÁGINA 22

1. R. G.

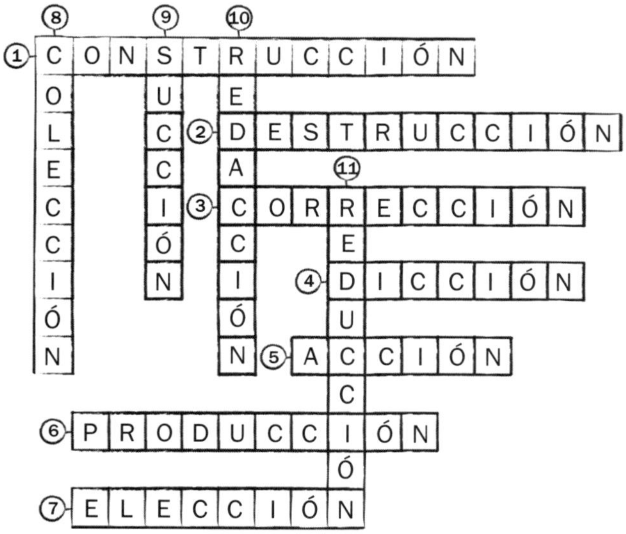

PÁGINA 23

2. traducción, traductor, redacción, redactor, protección, protector.
3. dirigir: directo, director, dirección.
   instruir: instructor, instructivo, instrucción.
   conducir: conducta, conductor, conducción.
   proyectar: proyecto, proyector, proyección.
4. Preferencia clara hacia algo: predilección.
   Manera educada de comportarse: corrección.
   Convencimiento, creencia firme: convicción.

8

PÁGINA 24

1. ajedrez, pesadez, disfraz, emperatriz, antifaz.
2. antifaz, emperatriz, luz, actriz, nariz, disfraz, aprendiz, voz.

PÁGINA 25

3. felices, fugaces, eficaces.
4. escasez, estrechez, honradez, madurez, sensatez, pequeñez, rapidez, timidez.
   Cartel de la izquierda: Estas palabras son adjetivos.
   Cartel de la derecha: Estas palabras son sustantivos.
5. R. L.

9

PÁGINA 26

1. salud, vitalidad, enfermedad, barbaridad.

PÁGINA 27

2. amplio-amplitud, bueno-bondad, claro-claridad, exacto-exactitud, lento-lentitud.
3. red, césped, ciudad, vid, cuadro.

PÁGINA 28

4. Sus majestades los Reyes inauguraron la exposición.
   Siempre se le ocurren algunas genialidades.
   Las festividades congregaron a los vecinos.
   Parecían casualidades, pero no lo eran.
5. R. G.

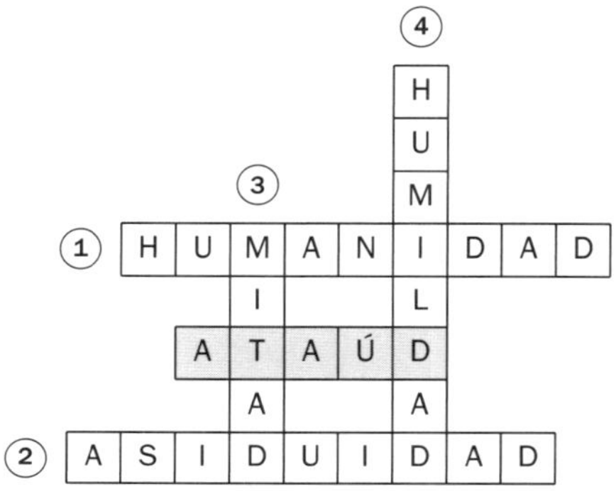

El vampiro dormía en un cómodo ataúd.

10

PÁGINA 29

1. R. G.

U	R	L	P	O	X	Í	G	E	N	O
X	D	T	E	X	T	E	R	I	O	R
O	A	U	X	I	L	I	O	R	A	E
L	K	S	O	N	R	K	H	L	Y	U
M	E	X	P	L	O	S	I	Ó	N	A
O	O	A	U	R	I	L	K	O	H	D
E	X	P	E	R	I	M	E	N	T	O

2. R. L.
3. experimento, explosión, exterior, Auxilio, oxígeno.

PÁGINA 30

4. exageración, excavación, exclamación, explicación, exploración, oxidación, exposición, intoxicación.
5. expresar, existir, exponer, extender, extrañar, extraer.
   Formas regulares: expresa, existiera, extrañes. Formas irregulares: ha expuesto, extienda, extrajo.

PÁGINA 31

6. El coche del equipo auxiliaba a los ciclistas.
El coche del equipo auxiliará a los ciclistas.
El cuello cerrado me asfixiaba en los lugares cerrados.
El cuello cerrado me asfixiará en los lugares cerrados.
Con las prisas siempre extraviaba algo.
Con las prisas siempre extraviaré algo.
Se extremaba la vigilancia en las carreteras.
Se extremará la vigilancia en las carreteras.
Reflexionaba antes de tomar una decisión importante.
Reflexionaré antes de tomar una decisión importante.

11

PÁGINA 32

1. yo estuve, tú estuviste, él/ella estuvo, nosotros/nosotras estuvimos, vosotros/vosotras estuvisteis, ellos/ellas estuvieron.
2. Yo estuve con mi amigo Luis.
Tú estuviste en casa de tu prima.
Juan estuvo comprando él solo.
Mi prima y yo estuvimos con nuestra abuela.
Pedro y tú estuvisteis a punto de caeros.
Sergio y su familia estuvieron en la playa.

PÁGINA 33

3.

estuviste	detuviste	retuviste	obtuviste	contuviste
estuvo	detuvo	retuvo	obtuvo	contuvo
estuvimos	detuvimos	retuvimos	obtuvimos	contuvimos
estuvisteis	detuvisteis	retuvisteis	obtuvisteis	contuvisteis
estuvieron	detuvieron	retuvieron	obtuvieron	contuvieron

4. Sergio contuvo la respiración para bucear.
Ana y Luis estuvieron todo el día en la playa.
El policía detuvo al ladrón de joyas.
Tú y yo obtuvimos el premio.
El químico retuvo las fórmulas en la mente.
5. entender y defender.

12

PÁGINA 34

1. ¿Por qué no hay que encender hogueras en el campo? Porque provocan incendios.
¿Por qué hay que evitar los gases y los humos? Porque contaminan la atmósfera.
¿Por qué debemos frenar el vertido de residuos? Porque contaminan las aguas.
2. R. L.

13

PÁGINA 35

1. César toma el camino que va recto al castillo. Al llegar a la fuente tuerce a la derecha y cruza el río por el Puente Real. Luego, bordea el lago hasta llegar al molino.
2. Rafa toma el camino que va recto a la granja. A los pocos metros, tuerce a la derecha. Deja a un lado el merendero y bordea el lago hasta llegar al molino.
3. atravesaron, torció, bordearon.
PERSONAJE: La oración que no es verdad es la primera.

14

PÁGINA 36

1. R. G. soñé, hacía, fue, llegué, subí, fue, vi, remolcaba, llegar, sufrí, conocí, comí, sonó, pude, seguir, soñando.
1.ª conjugación: soñar, llegar, remolcar, sonar.
2.ª conjugación: hacer, ser, ver, conocer, comer, poder.
3.ª conjugación: subir, sufrir, seguir.
2. Irene llegó a una estación espacial y subió a un cohete.
En el trayecto vio brillantes estrellas y una grúa que remolcaba un ovni averiado.
Al llegar a Marte, sufrió un enorme atasco y conoció a un marciano muy simpático.

PÁGINA 37

3. R. M. El 3 de agosto de 1492 salimos en tres carabelas. La tripulación iba muy animada. El trayecto estuvo lleno de dificultades, hasta empezaron a faltar las reservas de alimento y agua. Finalmente, llegamos a una isla unos dos meses después, el 12 de octubre.

15

PÁGINA 38

1. R. L. / R. G.

16

PÁGINA 39

1. Palabras con *b*: abajo, pueblo, estaba, calentaba, llegaban, caballos, bueyes.
Palabras con *v*: veía, vieron, ovejas, aves.
2. Familia de *ver*: vista, visible, visión, revista.
Familia de *bajar*: bajada, rebajar, bajo, abajo.

PÁGINA 40

3. R. G. Tú estabas esperando a tu madre.
Mi primo estaba jugando muy contento.
Mis amigos y yo estábamos entrenándonos para la final.
Tú y tus amigos estabais muriéndoos de risa.
Los actores estaban nerviosos por el estreno.

4.

Infinitivo	Gerundio	Participio
buscar	buscando	buscado
avisar	avisando	avisado
convidar	convidando	convidado
embrujar	embrujando	embrujado
abandonar	abandonando	abandonado
bombear	bombeando	bombeado
vencer	venciendo	vencido
ablandar	ablandando	ablandado
bordear	bordeando	bordeado
dividir	dividiendo	dividido

PÁGINA 41

5. convencer, combinar, conversar, combustible, convivir, combate, convento, comba.
   R. G.

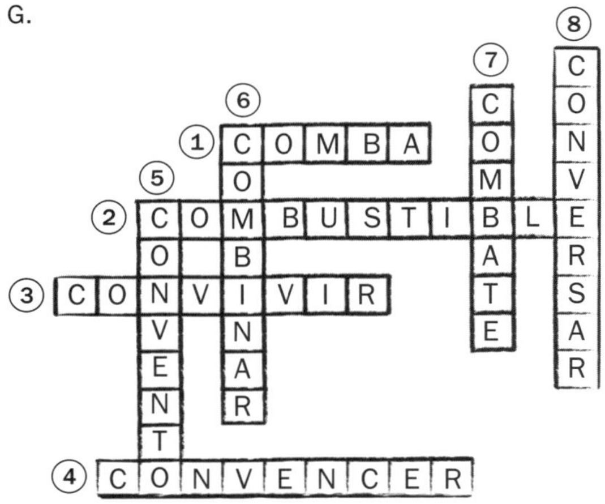

6. R. M. Pedro y Silvia conversaron sobre ese divertido libro.
   Sara combatió como una valiente y consiguió la victoria.

17

PÁGINA 42

1. rodilla, bayeta, valla, fuelle, mayo, brillo, bolsillo, arcilla, yegua, yema, cuello, pasillo.
2.

sustantivo	femenino	plural
adjetivo	masculino	plural
sustantivo	masculino	plural
sustantivo	femenino	singular
adjetivo	femenino	plural
adjetivo	masculino	singular

3. 3.ª pers., sing. 2.ª pers., pl. 1.ª pers., sing. 1.ª pers., pl. 3.ª pers., sing.

18

PÁGINA 43

1. R. G. Diptongos: pueblo, anciana, siempre, cuentos, historias.
   Hiatos: tía, María, países, ahora, día.
2. Monosílabas: bien, sal, juez, luz.
   Bisílabas: pueblo, tía, vaivén, puente.
   Trisílabas: países, sombrilla, florero, cazuela.
   Polisílabas: aventuras, embaucador, panadería, continuación.
3. R. M. Tía lleva tilde porque contiene un hiato formado por vocal abierta átona y vocal cerrada tónica.

19

PÁGINA 44

1. estudioso, más estudioso que, estudiosísimo.
   grande, más grande que, grandísimo.
   divertido, más divertido que, divertidísimo.
   simpático, más simpático que, simpatiquísimo.
   fuerte, más fuerte que, fortísimo.
2. El leñador se perdió porque era despistadísimo.
   Ana se compró unos zapatos baratísimos.
   Las ruinas de Segóbriga son antiquísimas.

PÁGINA 45

3. R. M. Mi gato es tan cariñoso como el tuyo.
   Un frac es más elegante que unos vaqueros.
   Yo soy menos ordenado que mi hermano.
4. R. M. Drácula es elegante.
   El Hombre Lobo es horrible.
   King-Kong es grande.
   Drácula es más elegante que el Hombre Lobo.
   El Hombre Lobo es más horrible que Drácula.
   King-Kong es más grande que Drácula.
5. R. G. diminuto-pequeñísimo, lóbrego-oscurísimo, horrible-feísimo.

20

PÁGINA 46

1. R. G. Marta, vacaciones, abuelos, playa, Mallorca, día, sol, brisa, verano, época, año, veranos, tiempos, felicidad, amor, tranquilidad.
2. felicidad, amor, tranquilidad.
   R. L.
3. Sustantivos comunes: padre, colegio, jardín, fiesta, sol.
   Sustantivos propios: Marta, Londres, Mallorca.
   R. L.

PÁGINA 47

4. R. M. Ciudades: Teruel, Granada, Murcia.
   Ríos: Tajo, Guadalquivir, Miño.
   Países: Turquía, Grecia, Marruecos.
5. R. G.

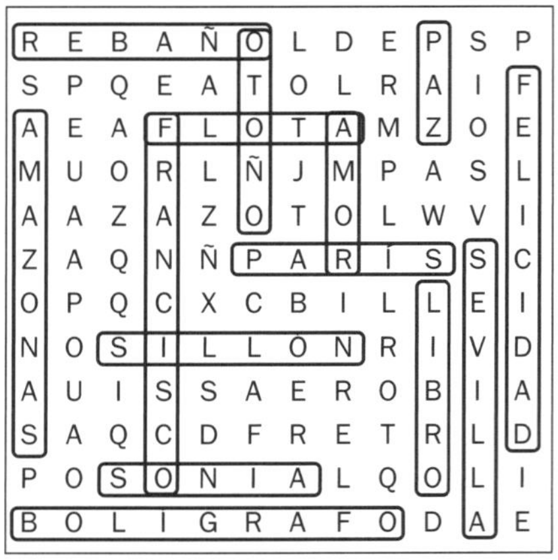

Sustantivos comunes: rebaño, flota, sillón, bolígrafo, otoño, paz, felicidad, libro, amor.
Sustantivos propios: París, Amazonas, Francisco, Sonia, Sevilla.
Sustantivos individuales: sillón, bolígrafo, otoño, libro.
Sustantivos colectivos: rebaño, flota.
Sustantivos abstractos: paz, felicidad, amor, otoño.
Sustantivos femeninos: flota, paz, felicidad.
Sustantivos masculinos: rebaño, sillón, bolígrafo, otoño, libro, amor.

21

PÁGINA 48

1. primor: pri-<u>mor</u>
   caminos: ca-<u>mi</u>-nos
   fecundo: fe-<u>cun</u>-do
   flor: <u>flor</u>.
   trinos: <u>tri</u>-nos.
   mundo: <u>mun</u>-do
2. Terminan en *-osa*: mariposa, rosa, olorosa, vanidosa (R. M.).
   Terminan en *-ero*: limonero, lucero, sendero, aguacero (R. M.).

22

PÁGINA 49

1. ingenioso, frondosos, pantanoso, alta, maduras, turbia.
   R. M. conejo blanco, quesos olorosos, lluvia fresca.
2. R. G.

A	M	A	B	L	E	D	P	O	D
L	H	Q	Z	C	W	E	R	T	I
L	A	Ñ	N	O	B	L	E	F	F
E	B	R	J	B	H	U	I	O	Í
Q	I	W	E	A	R	T	Y	O	C
P	T	O	Q	R	W	D	A	S	I
L	U	O	P	D	O	Ú	T	I	L
V	A	L	I	E	N	T	E	L	J
N	L	S	D	E	R	J	K	O	P
Q	A	E	R	C	O	R	T	É	S

3. habitual, noble, valiente, difícil.

23

PÁGINA 50

1. Estilo indirecto: Los niños preguntaron si estaba lejos.
   Estilo directo: –No, está al otro lado del bosque.
   Estilo indirecto: Los niños dijeron que allí había máquinas trabajando, y que era una zona peligrosa.
2. R. M. El castor saludó a la rana y le preguntó adónde iba. La rana contestó que iba muy lejos y que las excavadoras habían destruido su casa. Entonces, el castor le propuso que fuera con él, que conocía un lugar tranquilo.

PÁGINA 51

3. informaron, incitó.
4. yo dije, tú dijiste, él/ella dijo, nosotros/nosotras dijimos, vosotros/vosotras dijisteis, ellos/ellas dijeron.
   yo advertí, tú advertiste, él/ella advirtió, nosotros/nosotras advertimos, vosotros/vosotras advertisteis, ellos/ellas advirtieron.
5. R. G.

							⑤		⑥		
①	R	E	C	O	N	V	E	N	I	R	
							N		N		
②			R	A	T	I	F	I	C	A	R
							A		I		
							T		T		
③				O	B	L	I	G	A	R	
							Z		R		
							A				
④			I	N	F	O	R	M	A	R	

24

PÁGINA 52

1. Los verbos del texto están en tiempo presente.
2. fue, publicó, contaban, vivieron, eran, acompañó, realizaron, encontraron, existían, exploraron.

PÁGINA 53

3. ¿Cuál es el título de la novela de Julio Verne?
   ¿Quiénes son los personajes principales?
   ¿Dónde se desarrolla la novela?
   ¿Qué encuentran los protagonistas en su camino?
   ¿Qué tipo de novela es?
4. R. L.

25

PÁGINA 54

1. Párrafo 1: Primero, hay que ajustar... Párrafo 2: Luego, se deben introducir... Párrafo 3: Después, mientras parpadea una luz roja... Párrafo 4: Finalmente, hay que esperar...
2. Introduzca el importe exacto.
   Permanezca quieto mientras parpadea la luz roja.
   Deje pasar unos minutos antes de recoger las fotos.

PÁGINA 55

3. R. M. Primero, hay que insertar la tarjeta. Luego, se debe esperar a que suene el tono. Después, hay que marcar el número y hablar. Finalmente, cuando se cuelga, se retira la tarjeta.
4. R. L.

26

PÁGINA 56

1. 1. viaje. 2. deje. 3. aleje. 4. queje.
2. El sustantivo es *viaje*. R. L.
3. aterrizaje, abordaje, maquillaje, patinaje.

PÁGINA 57

4. hereje
   eje
   despeje
   tejemaneje
5. R. L.

27

PÁGINA 58

1. marciano, caracol, marquesa.
2. R. M. –Buenos días, deseo encargar un par de limones, un kilo de uvas y un paquete de azafrán.
   –Muy bien, ahora mismo le enviamos un par de jamones, un kilo de lechugas y un paquete de sal.

El cuaderno **100 ejercicios para repasar Ortografía y Gramática**, para quinto curso de Educación Primaria, es una obra colectiva, diseñada y creada en el departamento de Ediciones Educativas de Santillana Educación, S. L., dirigido por ENRIQUE JUAN REDAL.

En su realización ha participado el siguiente equipo:

Textos:
Rosario Calderón, Rafael Díez, Sofía Moreno y Lola Núñez

Dibujos:
Eduardo Fuentes

Edición:
Rosario Calderón

Dirección de arte: José Crespo
Proyecto gráfico:
Diseño de portada: Cristina Vergara
Ilustración de portada: Javier Olivares
Diseño de interiores: Martín León-Barreto
Jefa de proyecto: Rosa Marín
Coordinación de ilustración: Carlos Aguilera
Desarrollo gráfico: Raúl de Andrés, José Luis García y Javier Tejeda

Dirección técnica: Ángel García Encinar

Coordinación técnica: Ángeles Bárzano
Composición y montaje: Linocomp, S. L.
Corrección: Cristina Durán
Documentación y selección fotográfica: Marilé Rodrigálvarez
Fotografías: F. Ontañón; ARCHIVO SANTILLANA

Dirección del proyecto:
LOLA NÚÑEZ MADRID

Torrelaguna, 60. 28043 Madrid
PRINTED IN SPAIN
Impreso en España por Cayfosa (Impresia Ibérica)

ISBN: 978-84-297-0787-7
CP: 846123
Depósito legal: B-4.206-2009